신기루

지성 · 감성의 메타언어
조선문학시인선 · 327

신기루

홍 대 기 시집

조선문학사

■ 시인의 말

내가 시인이 되어 펴낸 첫 번째 시집 『정원에 핀 들꽃』은 오랜 공직생활을 하는 동안 시에 굶주렸던 내가 촘촘히 시간을 내서 써놓았던 시 모둠집입니다.

내가 시계(詩界)에서 만난 훌륭하신 선배 시인들과 생활하면서 그 틈에 끼어 있는 작은 내 모습이 꼭 『정원에 핀 들꽃』을 닮아있어 첫 번째 시집에 붙인 이름입니다.

두 번째 시집은 『겨울새』입니다.

내 아내는 내 시를 좋아했습니다. 내가 퇴직하던 바로 그날 아내는 내 서재에 있는 헌 책상을 새 책상으로 바꾸어주었고 나는 그 책상에서 밤늦게까지 시를 쓰곤 했습니다. 아내는 시를 쓰는 내 모습을 보고 '제2의 인생을 멋있게 산다'고 행복해하며 내가 쓴 시를 읽어주기도 하고 고쳐 읽기도 했습니다. 그러던 어느 날 밤에 내 천사는 내 곁에서 멀리 떠나갔고 나는 종종 쓸쓸한 아파트의 겨울창가에 기대서서 하얗게 눈이 내린 창밖을 내다보며 외로움을 달래기도 했는데 창밖에 서 있는 겨울나무 꼭대기에 앉아있는 새 한 마리가 꼭 날 닮아있어 두 번째 시집은 『겨울새』 라고 했습니다.

이번 세 번째 시집은 『신기루』 라는 문패를 달아주었습니다.

사실은 아내의 슬픈 사연들이 아직도 괴어 내 소매를 적시고 있어 '주소가 없어 못 띄운 편지'라고 할까 생각도 했었는데 독자들께서 내 시가 너무 슬프다고 많이 이야기를 해주셔서 이렇게 바꾸기로 했습니다.

시를 쓰다 보면 시간과 공간의 영역에서 영성(靈性)의 신비로움이 번득이다가 손에 잡히기도 하고 빠져나가기도 하는데 어떤 것은 다시 돌아와 환희에 빠지게 하기도 하고 어떤 것은 돌아오지 아니하여 밤낮으로 고행의 길을 떠나게 하는 경우도 있습니다. 시작은 어떻게 보면 삼라만상의 심상(心象)이 발현하는 빛을 잡아내려는 작업입니다. 공중에서 빛이 꺾이어 공중이나 지상에서 어떤 현상이 나타났다가 사라지는 신기루는 어쩌면 시적 감성을 닮아있어 이번 시집의 문패는 『신기루』 로 정했습니다.

이번 시집에 문패를 달아줄 수 있도록 도와주시고 지도하여 주신 분들에게 진심으로 감사 올립니다.

특히 평소 날 아껴주시고 기도해주시고 내 시를 사랑해주시는 천주교 평화재단 이사장 서울대교구장 대리 상임이사 박신언 몬시뇰님과 내 시집에 추천의 글을 써주신 예술원 회원이시고 밀핵시론(密核詩論) 창시자이고 시인이신 성찬경 선생님, 월간 조선문학 발행인이시고 주간이시며 풍시조(諷詩調) 창시자이신 시인 박진환 박사님, 월간 창조문예 주간이시고 한국기독교 문인회 회장이신 시인 박이도 박사님, 그리고 나를 시계에서 활동할 수 있도록 용기를 주는 내 형제자매와 나 때문에 고생하는 아들과 며느리 그리고 딸들과 사위들에게 진심으로 감사하며 특히 이번 시집을 발행하는 일체의 경비를 자녀들이 부담해 주어서 고맙고 더없이 행복하다. 내 아내 고송자(체칠리아)에게 이 시집을 바칩니다.

2012년 仲秋

法雨 홍대기(베드로)

슬픈 사연도 따뜻하다

성찬경(시인 · 예술원 회원)

홍대기(洪大基) 시백(詩伯)의 세 번째 시집 『신기루』에 실릴 시편들을 정독한다. 읽어나가는 동안 시편에서 얻은 인상과 평소에 홍대기 시백의 인품에서의 느낌이 너무나 잘 맞아 절로 미소가 나온다.

홍대기 시백은 조선문학문인회 부회장을 역임하고 있는 만큼 이 캠프와 인연이 깊은 시인이다. 이 시인들은 늘 특징 있는 시의 기법을 수련한다는 사실도 잘 알려져 있다. 간단히 말해서 그것은 17세기 영국의 “형이상학파” 시인들의 이른바 “메타피지컬 컨시드”를 연상시키는 것으로서, 시의 정서를 언제나 지적(知的) 구조 속에 담는다는 특색을 갖는다. 홍대기 시백 역시 이러한 특색에서 벗어나는 것은 아니다. 그러나 그는 이미 시의 기교에서 숙달의 수준을 넘어서 있음을 느낄 수 있다.

홍대기 시인의 시적 정서는 비유적으로 말하면 따뜻하면서도 서늘하고 견고하면서도 동시에 부드러운 그런 것이다. 어떻게 이러한 모순된 상황이 가능할까? 하는 의문도 일 수 있겠지만, 인간의 정신 현상은 오히려 그런 것이다. 우리는 늘 모순적인 국면을 또 맞는다.

홍대기 시백의 시를 보자.

> 술잔은 삶의 곡절이
> 찰랑대는 바다다
>
> -「술잔의 체온」 중에서

평범한 구절처럼 보이지만 음미해 보면 결코 그렇기만 한 것이 아니다. 우선 시어들의 흐름이 매우 리드미컬하다. 시상의 스케일이 크다. 뿐만 아니라 이 시구에는 삶의 진실이 담겨져 있다. 결코 평범에서 그치는 시구가 아니다. 이러한 표현과 시적 기교가 홍대기 시백의 시의 표현의 기조라고 할 수 있겠다.

홍대기 시백의 시의 주제와 소재는 대개의 경우 사랑, 우정, 그리움, 계절의 변화에서 오는 우리의 삶의 애환, 우리의 삶을 시적으로 부각시켜주는 계기가 되는 자질구레한 사건들, 이런 일들이다. 여기에 한 가지 더 보탤 것이 있다면 종교적인 상념(想念)과 통하는, "제행무상감(諸行無常感)"이라 할 수 있는 것이다. 그러한 시의 보기로서, 역시 태없이 깊은 멋을 풍기는 시가 있으므로 그 시, 「혼의 원색」 전편을 인용하겠다.

인생은 물결 타고 흐른다
수정으로 흐르는 시냇물에 혼을 던져보니

연륜으로 퇴색한 삶의 무늬가
깎이고 씻기고

기고만장했던 행동거지에
찌꺼기를 털어 내니

시냇물은 흙탕물이 되어
아파하는데

어디쯤 흘러 왔을까?

영혼이 되살아나 원색으로 반짝거리고
하얀 속살이 고결하다

그리고 보니 단순한 "제행무상감"이랄 수 없고 거기에 어떤 꿈 같은 것이 깃들고 있다. 수다 떠는 일이 없이 가라앉아 있으면서도 은은한 여운이 흐르는 시다.

또 한 가지 홍대기 시에서 눈에 띄는 점은 이 시인의 유머 감각이 뛰어난다는 점이다. 이런 보기가 심심치 않게 나오는데, 이런 시구도 있다.

날 따라온 긴 세월이
망태기를 메고 쫓아 다니며

땅바닥에 떨어진
조각난 꿈도 주워 담고

치료받지 못한
상처 난 시간도 주워 담는다

-「신기루」 중에서

미소가 절로 나는, 얼마나 결 고운 유머란 말인가!

어느 모로 보나 홍대기 시백은 "좋은 시인"의 전형이 됨직한 그런 시인이 아닌가싶다. 홍대기 시인이 해야 할 일은 쉬지 않고 이런 시들을 한편이라도 더 많이 써서 세상에 내놓는 일이라 생각된다. 홍대기 시백이 펼칠 시의 앞날을 위하여 다같이 축배를 들자.

신기루

제1부
신기루

제2부
주소가 없어 못 띄운 편지

제3부
풀피리 소리

제4부
계절의 소리

제5부
하나님의 약속 때문에

제1부

신가루

혼(魂)의 원색

인생은 물결 타고 흐른다
수정으로 흐르는 시냇물에 혼을 던져보니

연륜으로 퇴색한 삶의 무늬가
깎이고 씻기고

기고만장했던 행동거지에
찌꺼기를 털어내니

시냇물은 흙탕물이 되어
아파하는데

어디쯤 흘러왔을까?

영혼이 되살아나 원색으로 반짝거리고
하얀 속살이 고결하다

신기루(蜃氣樓)

날 따라 온 긴 세월이
망태기를 메고 쫓아다니며

땅바닥에 떨어진
조각난 꿈도 주워 주고

치료받지 못한
상처 난 시간도 주워 담는다

망태기 안에는
꼬리표가 붙은 삶의 곡절이 가득 차 있다

어떤 것은 썩어서 냄새 나는 것도 있고
어떤 것은 삭혀져서 향내 나는 것도 있고
어떤 것은 녹아서 보석이 되어 맥이 뛰는 것도 있다

유혹의 터널에서 시달리며
살아온 흔적들이다

그 흔적들을 놓고
산 이와 죽은 이가 열띤 논쟁을 하다가
아리숭한 신기(神氣)에 몰려 산 이가 죽으면

세상은 모두가 허망한 신기루일 뿐이다

네가 누구인가?

십자가를 짊어지고
사시사철 소나무처럼 존재의 가치만을 지키느라

비바람에 시달리며 깎인 속살의 상처에도
휘어지지 않고 바위처럼 꿋꿋이 서 있던 너

계절마다 불어오는 바람에
널 날려주고
굽이굽이 흐르는 물결 따라
흘러 갔더라면

혹여 나 아픔과 슬픈 기억은 없었을까?

세상풍파와 싸우던 여러 단편극에서
주연배우로 열연했던 너

너는 광대인가?
전쟁터의 영웅인가?

이제 나만의 텅 빈 공터에
세월의 여러 고비고비마다 서 있던 모든 너를
모두 불러모아

네가 누군가?
나에게 물어본다

우정의 불꽃

서로 눈빛 마주치는 곳을 파보니
거기에 사람이 살아가는 통로가 있고
그 통로를 지키는 문지기가 있어도

바람과 구름 같은 천상의 순리가 어디든 통과하듯
너와 나의 가슴을 드나드는 불꽃이 있다

너와 내가 부딪쳐 발광하는
사랑과 자비의 불꽃을 보라!

심장을 태우기도 하고
여명을 여는 등불이 되기도 하고
허공을 떠돌던 구겨진 시간도 곱게 펴준다

얼마나 황홀한 우정의 불꽃인가!

이제 날이 저물어 서산 놀에 걸터앉아
굽이굽이 돌아 온 세월을 펼쳐보니
늦 햇살은 삶의 잔해를 걸러내고 있는데

내 살속 깊은 곳에 묻어둔 그 우정의 불꽃은
황홀한 보석이 되어 있다

산의 진실

화창한 봄날 설악산에 오르니
700고지 권금성은 색동옷 입고 뛰어 놀고

산등성이 마다 늘어선 소나무는
푸른 배낭을 등에 메고 발맞춰 행군하네

골짜기마다
옹기종기 모여 사는 꽃동네에서
들려오는 웃음소리

푸른 치맛자락에 매달려
노래하는 산새들

산허리를 감고 있는
꽃띠는 신비롭고 아름답다

비바람 눈보라가 몰아 치며 망치질하여
뼈만 남은 크고 작은 돌산은
인간의 고뇌인줄만 알았는데

산은 늘
이렇게 희로애락의 삶을
즐기며 살고 있는가?

나도
산이 되고 싶다

선(線)과 점(點)

점은 선의 미완성이지만
선은 점이 생명이다

선이 길든 짧든
선이 잡고 있는 생명은 점이기 때문이다

선의 삶은
선 끝에 적어놓은 숫자까지다

목숨이 걸려있는 선을 훑어보면
시간이 지나간 자리에 움푹 패인 상처도 있고
곱게 다듬은 언덕에 화려한 꽃들이 피어 있기도 하다

점 안에 담긴 기쁨과 슬픔의 곡선은 아슬아슬하다
희로애락이 지나간 흔적이다

점은 내가 서 있는 징표이고
내가 살아있다는 존재의 표시이다

그래서 나는 점 위에서
마음을 빗질하며 땅을 보고 하늘을 보고
세상의 맛을 챙긴다

무상(無常)

뒤돌아보니
내가 달려 온 발자국은
속살이 빠져나간 빈 조개껍질로 산산이 흩어져 있고

남은 것이라고는
구멍 난 가슴에 스쳐 지나간 바람의 흔적뿐이다

듬성듬성 변색된 채 잘려나간
뒷모습이 안쓰럽고

재생할 수 없는 허망한 초상(肖像)만이
중독된 술잔의 잔해로 남아 넘실댄다

머물다가 가버린 것들
서로서로 나누며 건넨 것들

모두 끈으로 꽁꽁 잡아매 두려 했지만
그것들마저 말없이 흩어지는 구름에 얹혀 허허로이 가고

세상의 아름다운 무대가 막을 내리는 텅 빈 공간엔
노란 낙엽 하나가 말없이 퇴각하고 있다.

*무상(無常) : (불교)생사와 흥망이 헛됨.

무소유

낮에는 멀리 달아나 있다가
밤이면 나지막이 내려와서

깜박깜박 조잘대며 옹알이는 별은
무슨 말을 하고 있는 걸까?

들릴 듯 말 듯 손에 잡힐 듯 말 듯하여
사다리도 걸어보고 화살도 쏴보며
밤을 지샌다

내가 어릴 적에는
나의 이상과 꿈을 별에 걸어놓고
자주 매달렸는데

이제 멈추어 서서 뒤돌아보니
강물이 흘러가듯이
세월 따라 모든 것이 흘러가고

내 것이라고는 아무것도 없다는 것을 알았을 때
별이 미리 알고 옹알이던 씨 있는 말이
이제야 내 귓전에 맴돈다

말 말 말

동그라니 깎아 쓰는 말은
윤기 있는 조약돌이 되어
이 손 저 손이 만지작거리고

세워서 쓰는 모난 어사(語辭)는
가시로 찔리듯 전율이 핏줄 타고 흐른다

모난 말은 보자기에 싸서
가슴 깊은 곳에 조용히 묻어 놓으면
삭혀져 동그란 조약돌이 돼도

삭히는 동안
부글부글 끓어오르는 거품을 거두어 태우면

타오르는 연기에
후덕한 인풍(人風)이 서린다

술잔의 체온

술잔은 삶의 곡절이
찰랑대는 바다다

높은 파도의 파편에 맞아
쓰러져 숨 고르는 이도 있고

총칼 들고 일어서는
용장도 있고

가슴 안에 엉킨 실타래가
술잔에 풀리고 녹아
옹알이는 소리도 듣는다

삶의 곡절이 찰랑대다가
솟구치는 향기에 산화되는
술잔의 체온

술잔의 묘기는
장관이다

세상 엿보기

정원에는
시골길 외진 길목이 고향이라던 들꽃이
향수에 젖어 있고

귀족으로 태어나 고관대작처럼
폼 내는 화려한 꽃도 있고

험한 세월 버티며 꾸불꾸불 살아온 허리 굽은 노송이
지팡이를 짚고도 몸뚱어리 비틀고 서 있다

세월 따라 지체 따라
서로 다른 옷차림을 하고도
마주칠 때마다 격 없이 인사하는
꽃잎의 미소는 평화롭고
벌 나비가 꽃잎에 누워 잠든 풍광은
더없이 행복하다

밤이슬에 샤워하고 잠든 예쁜 꽃들
아침 이슬에 세수하고 단장하고 나온 몸짓

모두가 고결하고 신비로운 질서다

누가 총칼 든 것도 아닌데
세상법도 따라 사람 사는 교본 따라 살아가는
세상이 여기 또 있다

회심

12월이 오면
하얀 눈이 내려
스산한 삶의 잔해를 묻고 싶다

회심의 침묵이 쌓이는 동안
가슴 틈에 끼어 있는
속진의 때를 베어내는
통증의 소리도 듣는다

세월의 난간 뒷길에서 들려오는
그 소리

모두 동그라니 쌓아 묻고

탯줄을 끊고 나오는
순백의 울음소리부터
새로 시작하고 싶다

소망

삶의 갈증을 토해 내어 만든 꽃봉오리
가슴에 차곡차곡 쌓아 놓고

하느님께 손 벌리고
부처님께 두 손 비비더니

새해 아침에 떠오르는 태양의 길목을
가로막고 서서

보따리 풀어 보이며
귓속말로 조르다가

푸른 바다 속에서 이글대며
붉게 솟아오르는 태양의 어깨에
긴 소망의 상소문을 걸어본다

초생달

둥근 박 하나
선반에 높이높이 매달아 놓았는데

잠 못 이루는
할멈이

밤새
수저로 긁어냈나 보다

실눈썹만큼이나
남아

끔뻑 대는 눈빛이
황망(慌忙)하고

살금살금 서산을 기어오르는
발걸음이 안스럽다

은하의 강변을 아장아장 걸어가는
아기 발걸음

헛발 딛고 물에 빠질까
가슴 죄네

시(詩) 맛

시를 쓴답시고 하얀 오라기를 그려 놓고
그 뒤에 괄호( )를 쳐 놓으면

사람들이 물감을 들고나와 색칠하는 손끝이
참 아름답다

죽는 연습을 먼저 해 보고
그 뒤에 괄호( )를 쳐 놓으면

어떤 이는 땅을 치며 통곡을 한다
죽는 연습을 해본 모양이다
참 통쾌한 일이다

시는 씨앗 같은 것
내가 가려낸 씨앗이 자라서
장성하는 것을 보면

장편소설로도 다 펼쳐 볼 수 없고
말마디가 늘어나는
신통한 맛이 있다

시는 뿌리 같은 것
가느다란 뿌리가 땅속 깊은 곳을 질러가는
꾀도 신비롭다

시는 항시 삐딱하지만
곧은 속셈이 있어

시 맛은 통쾌하고 신통하고 신비로워
입맛으로는 못 알아 맞춘다

가시나무새

가시나무새는 둥지를 나오면서부터
가시나무를 찾아 고행의 길을 떠난다

천신만고(千辛萬苦) 끝에
가시나무를 찾아내면

환희에 젖어
가시에 온몸을 부딪쳐 피를 흘리며

천상의 고운 목소리를 내다가
일생을 마치는 새다

그 천상의 고운 목소리는
피 흘리며 엮어낸 환희의 소리이고
목표를 이룬 찬미의 소리이고
만인의 영혼이 눈을 뜨는 진리의 소리이고
그 어느 누구도 흉내내지 못하는 자기만이 지어내는 신비의 소리이다

아일랜드 속담에 가시나무새는
이 모든 소리가 아우러진 천상의 소리를 내기 때문에
온 세상의 모든 영혼을 흔들어 깨운단다

대통령 선거

2012년 12월은
새 대통령을 뽑는 선거의 달이다

그런데
복지다 뭐다
혁신이다 뭐다
사람들을 유혹하고 있는데

실존 할 수 없는 황무지일지 몰라
방황하고 있다

유람객처럼 가는 곳마다
천국의 노래만 부르는 후보자들은
한 표 한 표를 꿰는 꾀만 늘어

진보주의 자인지 공산주의 자인지
민족주의 자인지 친북 자인지
옥석(玉石)을 가리지 못하고 정신착란에 빠져서

어느 쪽으로 귀화할지 모르고
봉사처럼 흰 지팡이로 길바닥만 두드리고 있다

남북 이산의 아픔

실타래처럼
길게 감고 또 감아둔 기다림

파도가 겹겹이 접혀 쌓이듯
주름진 세월이 쌓여
이산의 아픔이 무겁고

시간을 세다가 괸 그리움은
철조망 가시에 찔려 피멍이 들었는데

짧은 상봉으론
피멍든 응어리를 다 풀어내지 못하네

하늘 바라보니
먹구름이 울상을 하며 찌푸려 있는데

서산 언덕에 매달린 해가
굴러 떨어지기 전에

부처 앞에 앉아
주문(呪文) 외는 사람들

그 소리가
바람 타고 온 누리를 들랑거린다

길

해가 바다를 열고 솟아올라
산길 들길 물길을 비춰주면

꼬불꼬불한 험한 길이라도
나는 그 길을 간다

해서 사산마루에 와서 숨어버리면
가던 길 잃고 멈추어 서서
길 잃은 양이 된다

낮과 밤이 번갈아 지나 갈 때마다
희망과 절망이 오가는 길

희로애락의 곡선 따라
세월과 동행하며
나는 그 길을 걸어간다

독도

가난했던 어미 탓에
바다 한 가운데 홀로 남겨져

비바람 눈보라와 태산 같은 파도에 시달리며
산전수전 다 겪다가 앙상히 뼈만 남았지만

바다 속 깊은 곳으로 이어진 탯줄로
어미의 빨간 피가 흘러 어미 얼굴 닮은 독도다

고아처럼 살아 온 것이
어미는 더 속이 타고 가슴이 메어지는데
뱃놈들은 제자식이라고 한다

밤낮없이 틈만 있으면
도둑놈 심보 내 보이는 것이
옛날이나 지금이나 똑 같다

공산성(公山城)

긴 세월 걸어 오느라 공산성의 헐은 발바닥을
매만져 주는 금강은

그 고운 비단물결로 공산성을 폭 싸 안고
백제역사의 신음소리를 귀기울여 듣는다

붓끝 휘두르듯 꼬리치는 물줄기로 써 내려간
잠든 백제의 역사는

늙은 공산성이 내쉬는 숨결 따라서
천 년의 잠에서 깨어나고

먼 세월 거슬러 올라가서
공산성을 새로 쌓는다

그 옛날 그 성터에는
큰 돌과 원목을 짊어지고 비탈길 오르내리는 사람들로 붐비고
도포 입고 갓 쓴 사람들은 무령왕과 그 아들 성왕을 알현하고 있는데

공산성을 오르는 모든 이는
백제의 꿈을 새로 꾼다

* 공산성(公山城) : 충남 공주시에 있는 백제의 성을 말함.
* 무령왕(武寧王)과 성왕(聖王) : 무령왕은 백제 제25대왕(501~522)으로 동성왕(東城王)의 제2태자로 충남 공주시 금성동에 왕과 왕비의 유택이 있고, 성왕(聖王)은 백제 제26대왕(523~554)으로 명성왕이라고도 부르며 무령왕의 아들로 재위 16년 538년에 사비(泗沘 : 지금의 부여)로 천도하여 남부여라 하였다.

안면도 수목원

수목원 입구에 들어서니
수문장 "수목원 대장군"과 "수목원 여장군"이 눈알을 부라리며
날 아래 위로 훑어보는데 천국문과 지옥문을 오가듯 전율이 스쳐 지나간다

배수지고개를 넘어 수목원 안에 들어서니
이름표를 가슴에 달고 손님을 맞이하는 꽃과 나무들은
옛날 치마 저고리를 입고 허리 굽혀 인사하고

솔향기 꽃향기 풀냄새는
제각기 제 조상의 뿌리임을 뽐내지만
양반 상놈 가리지 않고 높은 사람 낮은 사람 차별하지 않는 것을 보니
사람 사는 세상보다 낫고

아산원에서는 각종 꽃과 나무들이 모여 앉아
화백회의를 하는 모양인데

아마도 즐비하게 늘어 선 채광석 시비(詩碑)에
시비(是非)가 붙은 듯하지만
싸우지 않고 평화롭게 회의하는 모습을 보니
여의도보다 낫구나

안면도는 황해바다 한 모퉁이에서 태어나
떠내려가지 않게 밧줄에 묶인 채로 바다의 눈치만 보다가
바다를 훔쳐먹고 사는 줄 알았는데

가부좌를 틀고 앉은 소나무들은
건강한 씨름꾼 같고

얼마나 기도를 했기에
수목원은 천국을 내려다 놓은 듯 아름답다

제2부

주소가 없어 못 띄운 편지

주소가 없어 못 띄운 편지

2007년 6월 18일
세월을 떼어 묻어둔 동그란 님의 무덤 안에

열쇄로 꼭 채워둔
원고(怨苦)의 밀어(密語)를 끌러보니

꼬깃꼬깃 접어둔 사랑이야기가
내 생명의 먹이로 자라서 외로움과 그리움과 아쉬움으로 쌓여
차가운 태산으로 서 있는데

밤새워 태산을 허물어 쓴 편지는
주소가 없어 못 띄운다

꽃구경 못 가는 사연

님과 거닐던 옛길에
올해도 봄 꽃이 만발합니다

비바람 폭풍 설한에
표피의 각질이 너덕너덕 터지는 통증에도
버티고 살아남아 꽃을 피웠는데

꽃이 서러워 울까봐
나 혼자만은 못갑니다

구름같이 모여드는 사람들 틈에
몰래 끼어 숨어 들어간다 해도
그 큰 꽃눈망울로 사람들을 뒤적이다가 날 찾아내면

꽃이 더 서러워할까봐
나 혼자만은 못갑니다

관객들의 함성도 들려오고
길 잃은 저 구름도 넋잃고 꽃구경하는데

꽃이 꽃잎 떨구며 슬피 우는 사연을 관객들이 알까봐
나 혼자서는 더 더욱 못갑니다

아내의 사진 한 장

내 곁에 남기고 간
아내의 사진 한 장이

내 책상머리에 앉아
덩그렇게 빈집을 혼자서 지킨다

언제 보아도
평화롭고 인자한 그 자상

어쩌다가
내가 늦게 돌아오면
그 외로운 눈빛이 안스럽다

내가 웃고 있으면 같이 웃고
내가 울고 있으면 같이 울고

사랑한단 말에
벌써 내 품안으로 뛰어드는
귀여운 사진 한 장

오늘은
내가 좋아한다고 자주 입고 다니던
파란 주름박이 원피스를 입은 아내의 뒷모습이

저 멀리에서
아른거린다

천 년이 지난 뒤에도

비바람이 몰아쳐도
모래바람이 불어와도

너와 내가 깎고 다듬어서 만든 사랑의 피라미드(pyramid)는
파묻히거나 쓰러지지 않으리라

네가 내 곁을 떠나
천 년이 지나간 뒤에도

나는
피라미드를 지키는 스핑크스(sphinx)가 되어
네 곁에 있겠노라

님의 초상(肖像)

수억 만년을 살아오면서도
저 달의 얼굴이 어쩌면 저렇게 동안(童顔)일까?

저 달빛이
어쩌면 저렇게 고운 치맛자락을 휘날리고 있을까?

밤새 말아두었던 님의 사연을 삭혀
바람결에 달빛으로 풀어내는가 보다

저 달빛을 마시고 핀
님을 닮은 예쁜 장미꽃이 구름을 타고 다니며
하늘에서 하늘거리면

나는 그 꽃잎을 하나씩 따서 예쁘게 오려 만든
님의 초상을

내 가슴 안에 있는 상자 한복판에
고이 개어 넣는다

님의 주문(呪文)

창문 열고
하늘을 바라보니

계수나무에 기대어
날 바라보는 님의 눈빛이
너무 야위어 있네

속정(俗情)의 수렁에 빠져
그리움에 끌려 다니는 어설픈 나

나는 강물에 떠내려가는
안스러운 가랑잎 같은데

내 갈길
찾아주려고

내님의 주문(呪文) 외는 소리가
산사(山寺)를 돌아와 내 가슴에 안긴다

꿈길

하루하루를 꿰어 딛고 옛길 오르면
내가 기댈 버팀목이 서 있던 그 곳에 이른다

귀향한 듯 생소한 곳도 아닌데
온몸이 쥐가 나고

홀로 걷는 걸음마다
발이 저리다

내 버팀목이 되어주던
님은 간 곳 없고

우리가 주연이 되어 세상을 유랑하던
호원(呼冤)의 길목에서
긴 영화 한 편이 관객 없이 상영 중인데

천사가 부르는 아름다운 노래 소리에
설익은 새벽잠을 깨운다

*호원(呼冤) : 원통함을 부르짖어 말함.

님의 그림자

님과 함께 거닐던 길목에는
언제나 잔잔한 바람이 인다

옷깃을 흔들고 지나가는 바람소리에
밤하늘의 별들이 잠깨어 일어나서
동그란 눈망울을 굴리며 옹알이면

님의 그림자는
창밖에 서있는 나뭇가지에 걸려
달빛에 휘날리고

변색하지 않는 색채는
빛의 고통으로 이루어진 파도가 되어
가슴 안에서 출렁거린다

님 그리는 맘

님 그리는 맘이
보약달이듯 달여져
단맛도 나고 쓴맛도 나고

끓어오른 향내가 온 몸뚱아리를
휘감고 돌아
그 향기에 취해
누워서 잠들고

님 그리는 맘을 만지작거리다가
닳고 닳아서 동그란 조약돌이 되었는데

늦은 밤이면 통통 튀어 오르는 조약돌은
태양보다도 더 뜨거워

내 가슴 깊은 곳에
화상을 입히고

님 그리는 꿈의 꼬리는
밤낮없이 헤매다가 미로에서 미아가 된다

님아!

님아!
지금은 내 곁에서 멀리 있어도
내 곁에 없다는 것을 잊을 때가 있다

네가 하지 않은 말 중에는
보석이 되어 숨쉬는 것도 있는데

네가 날 사랑한 만큼
내가 빚쟁이가 된 것도 모르고 살았다

그래서 할 말도 많고 되돌려 줄 것도 너무 많아
널 한번만이라도 꼭 만나야 하는데

지금 어디에 가 있나?
간 길이 너무 멀어서 돌아오는 길 잊었으면
난 어떻게 해야 하나?

추석 성묘길

억울한 사연 덮고 누운
님의 무덤을 찾아 갔더니

돌아설 수 없는 사연 때문에
내 뒤편이 너무 서럽다

쟁반 같은 큰 달은
간데 없고

님의 예쁜 목소리
뜯어먹고 살아남은

산새들의 해맑은 노래 소리만
내 귓전에 맴도네

밍크코트

함박눈이 쌓인 세상에는
하얀 바다가 되어 잔잔한 파도가 일고 있는데

내 안에서 하얀 밍크코트를 입고 서 있는 내 님은
하늘에서 온 천사일세

시간을 멈춰 세워놓고
밍크코트를 사주겠다고 내님과 약속했는데

내가 힘들까봐
내님은 몰래 내 곁을 떠나갔고

겨울이 오고
겨울이 갈 때마다

옥죄는 녹슨 한은
아직도 내 가슴에 꽂힌 큰못 하나 빼내지 못하는데

아내는 겨울 속 오래된 책 속에서
평화로이 미소만 짓고 있다

후회

님 떠난 창가에 매달려
씨알로 자란 그리움이

창문 열고
들판 꽃밭에 나들이 하더니

그리움의 불길에 그을려
타락한 얼굴이 안스러워
간밤을 지새웠네

그리움을 털어내려는 서투른 날개짓은
속 쓰린 통증으로 남아있고

빈 깡통을 옆구리에 차고 안달하는 모습이
너무나 볼썽사납다

그리움

님과 같이 거닐던 백사장 한 가운데에
깨끗이 빨아 넌 그리움이 굳어
돌산으로 솟아있고

그 정상에
내가 서 있는데

허허벌판 바람을 타고
높이 솟아 날아가는 외기러기의 울음소리가

조각조각 달빛에 날려
별이 되고

파란 하늘은
검게 타버린 가슴으로
별을 주워 담는데

나는 되돌아갈 수 없는 시공에 묶여
그리움만 뜯어먹고 산다

회한(悔恨)

하늘은 넓은 품 안에
해와 달과 별을 껴안고 살면서

빛을 나누어주고
어떤 때는 희망을 거는 등불이 되어주기도 하고

바람을 따라서 방황하는 구름은
잘게 녹여 만물의 먹이가 되게 한다

조건 없이 베푸는
하늘의 사랑과 지혜는
꼭 내님을 닮았다

이제야 철이 들어 생각해보니
내님에게 되돌려 주지 못한 것들 때문에
꼭 한번은 만나야 하는데

헤어지면 다시 만난다는 이 땅의 진리가
하늘에서도 이루어지기를 기도 할 뿐이다

*회한(悔恨) : 뉘우치고 한탄함.

호숫가에서

산과 언덕을 넘어
들꽃이 피어있는 곳

눈물이 고인
슬픈 호숫가에 홀로 앉아서

호수 깊은 곳에
떠 있는 예쁜 별이
조잘조잘 옹알이는 소리를 듣고 있다

무슨 말인지는 잘 몰라도
저 별이 내 님 같아서 한참 동안이나 속삭인다

잃어버린 세월로 뒤돌아가려는
내 꿈을 찾아서 뛰어 다니다가

칸칸이 막혀서 눅눅해진 내 가슴을
저 호수 깊은 곳에 높이 떠있는 별빛에 말린다

파랑새

파랑새 한 마리가 날아와
내 가슴에 둥지를 틀고 살고 있는데

하늘높이 날아가는 새의 그림자가 스쳐만 가도
바람이 불어서 깃털이 날려도

그 자리에는
종기가 돋아 통증이 되고

하늘이 시샘하여
비를 뿌리면

파랑새의 고운 빛이
발할까봐

내 가슴 안에 울타리 쳐놓고
발을 묶어 가둡니다

첫 사랑의 미로

가을 하늘
아득히 높은 동편에
샛별로 번득이는 얼굴

그 얼굴 기리다가
한 백년 잠이 들었어도

그 길목마다 서 있는 그리움이
내 가슴 정곡을 찌르며
날 흔들어 잠 깨우면

그 순결함이
지금도 붉어진 눈빛으로 설렌다

바람에 밀려간 세월을
한장한장 넘길 때마다
깨알같이 적어놓은 사연들은 통통히 살이 오르고

설렘으로 숨 고르는 소리는
사뭇 소원한 듯 움켜쥐고 매달려

평생을 두고
앵무새가 되어 낭송한다

님 생각

한밤중에 도망간 천사를 찾아
가슴속 깊은 골짜기를 헤매면

난간에 매달린 예쁜 꽃들이
손 밖에서 그리운 손짓을 하고

시간과 공간이 잘려나간
고적한 하루가 지날 때에는
갈대의 비명소리만 영어(囹圄)에 갇혀 철창에 매달리는데

철창 저 너머에는
세월에 꿰어 햇살에 여물어가는 그리움만
노을이 되어 서산마루에 걸터앉아 있네

내 생명의 먹이

내 님이 놓고 간
빈 의자에 홀로 앉아서
겨울 바람을 막고 있는데

달빛이 창문 두드리는 소리는
님이 날 부르는 소리일세

그래서 귀 기울여보니
세상만사(世上萬事) 모든 것이 무상(無常)타 하며

날 도닥거리는 님의 속내는
올 여물어 있네

님의 그런 사랑의 잔해가
내 생명의 먹이가 되어 살이 오른다

님은 갔어도

창틀에 낀 때를 닦아내던 손길마다
내 가슴 틈에 낀 어둠도 긁어 내더니

님은 물살을 가르며
먼 바다를 건너 갔네

창문을 열고 하늘을 바라보니
님은 별이 되어 높이 떠 있고

기약 없는 만남의 그리움이
쌓이고 쌓여 산이 되었는데

나는 그 산의 정상에 누워
높이 떠있는 별을 불러 내려
귓속말로 옛이야기 나눈다

제3부

풀피리 소리

풀피리 소리

내가 얼마나 걸어왔을까?
물어물어 되짚어 돌아가보니

험한 산 비탈길 저 너머
크고 작은 산을 엮어 울타리 친 고향집 안에

가부좌를 틀고 앉아 있는
복음자리 세상이 있네

우리 6남매가
손잡고 뛰놀며
풀피리 불고 있는데

싸리문 너머로
얼굴 내밀고 깔깔대시던 어머니의 웃음소리가
군중 속에서 들려오는 우레 같은 박수소리 같고

그때 그 풀피리 소리
나는 아직까지도 그런 명곡조를 들어본 적이 없다

내 돌사진

발가벗고 앉아 있는 어린 것이
강물에 얼마나 떠내려 왔기에

저 멀리 앉아 있는 나를
내가 모를까?

물살에 쓰러졌다가 일어서며
얼마나 시달렸기에

반짝이던 네 파란 눈동자는 어디 가고
헝클어진 백발은 웬 옛 성터인가

뒤돌아보니
흘러간 세월이 무상하구나

어버이의 꿈

내 어버이는 내 그림 한 장을
예쁘게 그려보시려고

평생을 밤낮없이
물감 구하시려고 뛰어 다니셨는데

못다 그린 그림 한 장을
가슴에 품고

지금은 피곤한 몸 가누지 못하시고
산모퉁이에 누워 잠이 드셨는데

지금도 내 그림 한 장
목에 걸고 계실까?

할머니의 얼굴

바닷가에
깨끗한 하얀 모래는
할머니의 마음씨처럼 고와요

그래서 하얀 모래 위에
할머니의 얼굴을 그려 놓았는데

잘못 그렸다고
파도가 몰려와서 지워버렸어요

무엇을 잘못 그렸는지
곰곰이 생각해 보니

나를 쓰다듬어 주시던
할머니의 다정한 약손을 안 그렸어요

그래서 할머니의 손을
그려 놓았는데

또 잘못 그렸다고
파도가 다시 밀려와서 지워버렸어요

또 무엇을 잘못 그렸는지
곰곰이 생각해 보아도 생각이 안 떠올랐습니다

지금 와서 생각하니
파도는 슬퍼하는 내 마음을 미리 알고
할머니의 모습을 자꾸 지웠나 봐요

손자의 돌

- 2012. 5. 11일 소연이 아들 달현이 돌날에

먼 옛날 내가 앉아 있던 자리에
네가 앉아 있구나

네가 앉아 있는 자리를 뒤돌아보며
날 바라보니

세파에 밀려 멀리도 떠내려왔고
세월의 파도에 긁혀 얼굴엔 주름살이 파이고
머리는 무너진 성터지만

아침 햇살과 같이 해맑은 너의 미소와
보석같이 빛나는 너의 눈망울을 보고 있노라니

내가 살아온 여로의 갈림길마다
푯말을 세워놓고 써놓은 성서 같은 귀한 말을 너에게
전해주고 싶은데

때묻은 세월을 얼마나 잘라내고 닦아내야
내가 너에게 가까이 다가가 이 말을 전해줄 수 있을까?

연필을 줄까?
돈을 줄까?
실타래를 줄까?

이 모두를 다 주고 싶은데
네 조그만 가슴에 모두 담아둘 수 있을지 몰라
이 할아버지가 기도하고 있다

혹여 이 할아버지의 욕심 때문에
수정같이 곱고 맑고 고결한 너의 빛이 바랠까 두렵지만

나는 내 삶의 여로의 갈림길에서
내가 세운 푯말에 써놓은 그 말들이 삶의 진리 같아서
모두 너에게 주고 싶다

향수

지난 세월을 헤집고
고향길 걷고 있노라니

크고 작은 산을 엮어 울타리 친
조그마한 산골마을은

아직도 내가 놓고 온 추억들을
곱게 간직하고 있네

날 스쳐가는 바람은 향수를 뿌려주고
서산에 불타는 노을은 꽃이어라

처마 밑에서 새어 나오는
늦 저녁 연기를 초사(焦思)하니

지게를 지고 소 몰고 돌아오는 아비와
부지깽이 말 타고 마중 나가는 소녀가 아른거린다

둥근 달은 아직도 동안인데
달빛을 등불 삼아 뛰어 놀던 추억들이 새록새록 그립다

요새 애들은 허설(虛說)이라고 할지 몰라도
내 고향에는 아직도 그런 향수가 괴어오른다

보고 싶은 어머니

철없이 보채며 돌고 돈 세월은
겹겹이 접혀 쌓여 태산이고

세월을 엮어 말린 사연은
뼈만 남아 있는데

비단 강 끼고
굽이굽이 돌아 가면

그 옛날 집 싸리문 너머로
어머니의 얼굴 내밀어 주실까?

감기고 감긴 긴 세월을 풀어가며
그 먼 길을 물어 물어서 찾아가면

어머니와 날 떼어놓은 세월이
길을 가로막고 있어도

두 팔 벌리고 깔깔대시던 어머니의 웃음소리가
날 마중 나와 반겨 줄까?

제4부

계절의 소리

착한 꽃

우리 집 베란다(veranda)에는
목마른 화분들이 줄 서 있지요

아빠가 물통을 들고
베란다에 나가시면
꽃들은 웃으며
아빠 얼굴만 쳐다 봅니다

꽃들은 아무리 목이 말라도
질서를 지키며 차례를 기다리고
아빠도 차례 차례로 물을 줍니다

아침에 일찍 일어나서
베란다에 나가보니
꽃들이 방긋방긋
아침인사를 합니다

착한 꽃들은 고마운 것을
알고 있나 봐요

봄이 오는 길목에서

산골짝에서
애기 물방울이 똑똑 떨어지는 소리에

눈밭에 묶여 있던
발목을 풀고

바삐 봄이 오는 길목에
마중 나가보니

남풍에 업혀 오는 봄 처녀가
진달래꽃 개나리꽃들을 앞세우고
치맛자락 휘날리며
양지바른 언덕 길로 오는데

벌써 벌들은 떼지어 나와
떨리는 목소리로 합창하며 환호하고

아지랑이 접어 족두리 쓴
빨간 립스틱 바른 애기 꽃들은

파란 손 뒤로 감추고
수줍어서 얼굴 붉히며 미소 짓는 모습이 너무 예뻐서

내 마음은 종달새가 되어
높은 하늘에 풍선처럼 떠 있다

개나리꽃

봄바람 쐬고
해탈한 영혼이 부활하여

노란 옷고름 물고
아장아장 걸어 나오는
개나리꽃

하얀 미소를 햇살로 빚어 만든
노란꽃

울타리마다
연등 달아 매 놓고

기웃 기웃거리다가
내미는 손

그 손으로 쓴
개나리꽃의 언어는

미계(迷界)엔
봄이 열반한다는 속삭임도 있고

어느 삶의 시간과 공간도
긴 명주실에 매달려 끌려 나온다

서릿발에 베이면서도
살신성인처럼 선구자가 되어
꽃꽃이 봄소식을 전해 주는
전령의 개나리꽃

*미계(迷界) : 중생이 살고 있는 세계.

가을의 눈물

가을이 오면
빈손 들고 울고 있는
저 나무의 노란 눈물을 보았나요

사람들은 가을의 노란 눈물을
아름답다고 하지만

추운 겨울날
알몸으로 떨고 서 있을 저 나무는
갖은 것이 없어서 슬피 웁니다

가난에 깔려
슬피 울고 있는 저 나무는

지하도 한쪽 구석에 끼어
웅크리고 있는 사람들보다도
더 슬피 눈물을 흘립니다

아마도 저 나무는
아직도 흘릴 눈물이 남아있는 모양입니다

가을비

철없어 악쓰며
떼쓰던 여름비가

가을이 되면서
다소곳이 마음을 다스리며 보슬보슬 내린다
철이 들어가는 모양이다

세월이 약이라더니
내 가슴에도 가을비가 내린다

가을비는
소망과 절망이 헐떡대며 숨고르는 소리에
얼룩진 삶의 무늬를 하얗게 빨아 널고

헐값에 팔려 다니던 영혼을
비경(秘境)에 세운다

*비경(秘境) : 신비로운 경지.

가을의 반란

푸른 산 꼭대기에서
단풍나무 한 그루가 붉은 깃발을 꽂고

온몸을 불사르며
선동하더니

빨치산처럼
밤마다 살금살금 내려와
온 산이 붉게 타고 있다

계절의 뻔한 수법에도
번번이 속아넘어가는 사람들은

화려한 가을의 반란이라고
또 몰려와서 같이 불타고 있는데

반란군을 진압하려는
동장군의 구두 발짝 소리는
아직도 멀리에서 들려 올뿐

겨울이 되어 하얀 깃발 들고 서 있을
항복자가 누군가에는 관심이 없다

가을 행진곡

코스모스는 낙엽이 뒹구는 철길 따라
기차와 함께 행진을 한다

터그덕 터그덕 다리 절며 달려가는 긴 열차
정겹게 손 흔들며 인사하는 코스모스 행렬

나는 간이역 빈 의자에 혼자 앉아서
바람에 실려오는 가을의 행진곡을 듣고 있노라니

아직도 코스모스 꽃잎 속에서
내 젊은 가슴이 뛰고 있고

서쪽 하늘이 기울어지면서 쏟아지는 꽃구름은
온 산천을 붉게 물들이고 있다

가을은 숨가쁘게 뛰어가는데
나만이 환각에 빠져서 단풍잎에 매달려 끌려가고 있다

낙엽

가을의 발길이
벼랑 끝에 서서

세월에 맞서
반역하며 단식하다가

남은 촌음(寸陰)의 세월 작별하려고
마지막 손을 흔들며 뛰어 내린다

장서(長逝)의 길
한 복판에서

엎치락 뒤치락 하며
영민을 청하는 낙엽

그 낙엽의 눈동자에서 솟아나는
다소곳한 광채가

내 발길을
멈추게 한다

*장서(長逝) : 영영 가고 돌아오지 아니함.

마지막 잎새

태엽이 다 풀린 하얀 겨울 밤에
나뭇가지 꼭대기에 매달린 마지막 잎새

모든 것 다 떨구어 내고
빈 낡은 의자에 홀로 앉아
바람에 흔들거린다

텅 빈 공간에서
누구의 삶과 죽음을 음독하는
그 여백의 미

마지막 잎새는
삶의 여로에서 육질 좋은 천사의 꿈을 꾼다

겨울 느티나무

겨울의 폭군이
야금야금 점령하는 동구(洞口) 밖 들판에

홀로 서 있는
느티나무 한 그루

동장군이 휘두르는 칼바람에 잎사귀 잘리고
표피의 각질이 터져도

목숨 걸고 버티고 서서
동래를 지키는 첨병(尖兵)이다

하얀 폭탄 세례에
온 동네가 초토화 돼도

앙상한 가지 총칼로 갈고 닦아
맞서는 느티나무

그 기상 본뜨고 싶다

겨울비

눈 내린 대지의 백면(白面)에 반해
속살도 보여달라고

겨울비가
칭얼대며 조른다

추위에 떨며 생명을 잉태하느라
온 몸이 부어 오르고

햇살에 그을리고
말발굽에 짓밟히고
성한 곳 없이 상처투성인데

대지는 그래서
너무 부끄럽다

조르다가 칭얼대다가
바람에 등떠밀려

구름을 타고 멀리 떠나가는
겨울비는

아직도 뒷눈질 하며
슬픈 눈물을 짓네

겨울나무

찬 바람에 가진것 모두 털리고
빈손 비비며 서 있는 겨울나무

인고의 세월을 맞아
설산에 고행을 떠나려 하는가?

맘을 다듬으며
무슨 소원 빌었기에

대낮에는 새들이 와서
축배의 노래를 불러주고

눈 내린 간밤에는 달빛이 찾아와서
나뭇가지마다 하얀 꽃을 달아매주며 축하를 해 주었나

그 속내를 알 수 없어도
석가모니가 설산에 고행을 했다는 그 까닭으로 연유하여
겨울나무의 속 깊은 묵상의 꼬리를 잡아본다

소나무

비탈길 언덕배기도
마다하지 않고

곧은 바늘손 찌르는 제 아픔도
마다하지 않고

한번 입는 옷 남루하게 헤져도
마다하지 않고

그 고집
독야청청(獨也靑靑)한 절개

허리가 꼬불꼬불 굽어져 쓰러질 때까지도
오직 한길로 가는
너의 순백의 깊은 속내를 알아보려고

나는
아직도 묵상 중이다

보은의 나무

우리집 뜰 앞에 서 있는
나무 한 그루가

겨우내 눈비 맞으며
알몸으로 떨고 서 있기에
가마니때기 뜯어 옷 입혀 주었더니

봄 바람이 불면서부터
울긋불긋 꽃 단장 하고 나와

아침 저녁으로 푸른 손 흔들며
빵긋빵긋 웃으며 인사를 한다

보은을 아는 저 나무를 보면
왠지 내가 부끄럽다

내 속살을 꼬집어 보니
내 얼굴이 빨개진다

제5부

하느님의 약속 때문에

하느님의 약속 때문에

낮길 걸어갈 때도
밤길 헤맬 때도

눈보라 비바람 몰아치는 세상풍파가
내 영혼을 아프게 해도

가슴속 깊은 곳에
주님의 계명 바르게 심어놓고
영혼을 밝히는 촛불만을 생각하며

하늘과 땅의 주인이신 주님 앞에
나를 봉헌 하고

거룩하신 우리 주 예수 그리스도를
찬미하는 것은

영원한 생명과 평화의 안식을 주신다는
하느님의 약속을 굳게 믿고 있기 때문입니다

박신언(라파엘) 몬시뇰님

1972년 12월 18일 하느님의 부르심을 받고
"주여! 당신 뜻대로 하소서"라고 숙명 하셨다는 박신언
몬시뇰님은

젊은 몸을 비틀어 가슴에 불을 지피어
타오르는 불기둥을 타고 하늘에 올라 하느님의 종이 되고

이 땅에 내려와서는
광활한 들판에서 가난하고 외로운 나그네를 찾아 다니며
들꽃이 되어주고

헛길로 빠질까봐 하늘길 밝혀 주려고
밤하늘에 별이 되어주고

언제 어디서나
남이 날거라는 생각으로
아픈 남을 어루만져주시고

하느님이 하시고자 하는 큰 역사를 모두 하시면서도
만개 아닌 꽃봉오리로 남아
하느님의 신비로우신 광채로 빛난다

언제쯤이면 활짝 핀 꽃으로
더 황홀하고
더 신비하고
더 아름다운 광채를 토해 내주실까?

그 때를 기다리는 양떼는
박신언 몬시뇰님을 졸졸 따라 다닌다

순교자의 얼

눈보라 비바람에도
씻기지 않는

순교자가 걸어가신
거룩한 핏자국이

하느님나라 가는 길에
등불이 되었으니

아 그 숭고한 피
우리 모두 찬양하세

환란과 박해의
세상풍파에도

하느님의 말씀이
길이요 생명임을 미리 알고

젊은 영혼을
하느님께 봉헌 했으니

순교자가 흘린 붉은 피는
하느님의 광채일세

십자가의 길

빌라도 통치아래서
죄도 없이 사형선고 받으시고

우리 죄를 대신하여 십자가를 메시고
쓰러지면 또 다시 일어서며 골고타까지 걸어가시고

십자가에 못박혀 돌아가시고 묻히시면서도
끝내 굴욕과 모욕과 고통을 침묵으로 성화(聖花)시킨

주님께서 이룩하신 인간과의 일치는
신비이고 은총이고 진리이기에

주님께서 걸어가신 십자가의 길 위에서 받으신 주님의
상처를
영원토록 제 맘속에 깊이깊이 새겨주소서

함박눈

하늘이 흰 깃발을 들고 내려와
항복했다

숨죽이고 사뿐사뿐 내려오는
항복자의 발걸음은 포근하고 평화롭다

흰 깃발이 꽂히는 곳마다
순백의 꽃이 피고

싸우며 피 흘린
속진의 얼룩진 흔적도 지워버리는
하늘이 보여주는 그 진실

평화를 위하여 쌈 않고
사랑을 위하여 자비를 베푸는

항복자의 그 진실의 속살은
사랑과 평화였다

새벽기도

1. 새벽 성당길 걸어 가노라면
발끝에서 어둠이 부서지는 소리에
잠자던 내 영혼을 깨워 주고
하느님의 말씀이 하늘에서 들려오네

2. 새벽 종소리 울려퍼지면
온 세상 모든 죄가 깨끗이 쓸려가고
온 세상 방방곡곡에 복음의 꽃이니
하느님의 백성은 평화의 노래 부르네

3. 새벽 성당길 걸어 가노라면
하늘의 별들도 잠깨어 일어나서
성당 가는길 밝게 비추어주니
하느님의 백성은 은총의 노래 부르네

4. 주님 말씀 들으며 새벽기도 드리면
아침이슬이 꽃잎에 매달리듯이
기도하는 가슴마다 사랑의 꽃이 피고
하느님의 백성은 주님을 찬송하네

명동성당의 노래

1. 순교자의 얼이 종현 언덕에 싹트니
   삼천리 방방곡곡에 복음의 꽃이 피네
   이 거룩한 땅을 하느님께서 주셨으니
   우리도 주님 뜻따라 여기에서 살리라

2. 새벽 종소리 종현 언덕에 울려퍼지니
   온 세상의 모든 죄가 말끔히 쓸려가네
   십자가의길 구원의길이 앞에 보이니
   하느님의 백성은 평화의 노래부르네

(후렴)
아 하느님의 광채로 빛나는 은총의 집
복되신 성모마리아 늘 함께 계신 곳
우리 명동성당은 새생명의 터전일세

참고 1. 명동성당에 안치된 순교자는 베르뇌 주교 외 15인의 순교자 유해가 봉안된 성지임.
2. 1886년 이전에는 명동성당 자리가 종현 언덕이었고 1898년 5월 29일 조현(명동)성당의 축복식이 거행되었고 "성모마리아" 를 주보로 하는 봉헌식이 거행되었다.

홍대기 시인은 충남 청양 출신으로 경희대학교 법과대학, 경영대학원을 졸업하였다. 김수환 추기경 옹기장학회 발기인 및 이사이다. 정보통신부 총무과와 충주우체국 업무과장 등을 역임하였으며 KT와 서울중앙전화국장 등을 역임하였다. 조선문학문인회 부회장이며 한국문인협회와 국제펜클럽 회원이다. 조선시문학상을 수상하였다. 시집에 『정원에 핀 들꽃』, 『겨울새』, 『신기루』 등이 있다.

신기루

2012년 10월 25일 인쇄
2012년 10월 31일 발행

지은이 / 홍대기
발행인 / 박진환
펴낸곳 / 조선문학사
등록번호 / 1-2733
주소 · 110-092 서울 서대문구 홍제2동 96-4
대표전화 / 730-2255
팩스 / 723-9373

ISBN 978-89-98115-02-9

정가 10,000원